THIS *journal* BELONGS TO:

_____

_____

ITS *contents* ARE:

_____

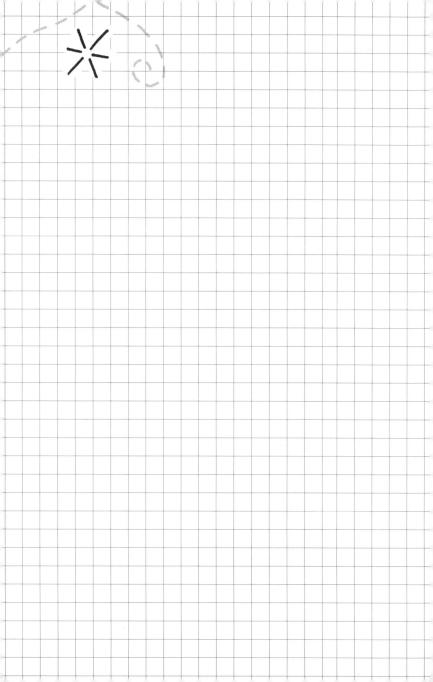

} NOTES {

} NOTES {

} NOTES {

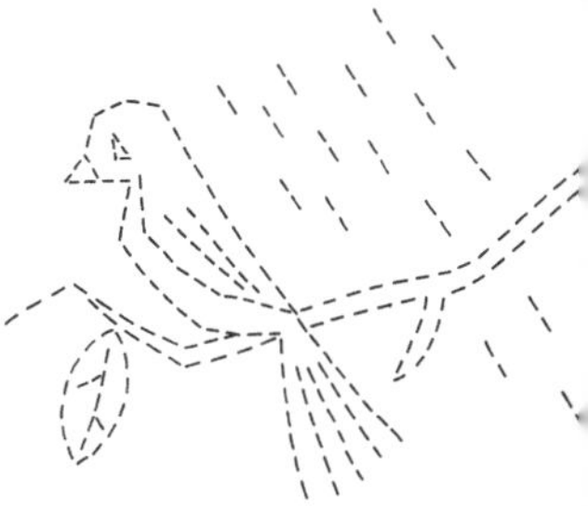

DATE: _____   *details:* _____

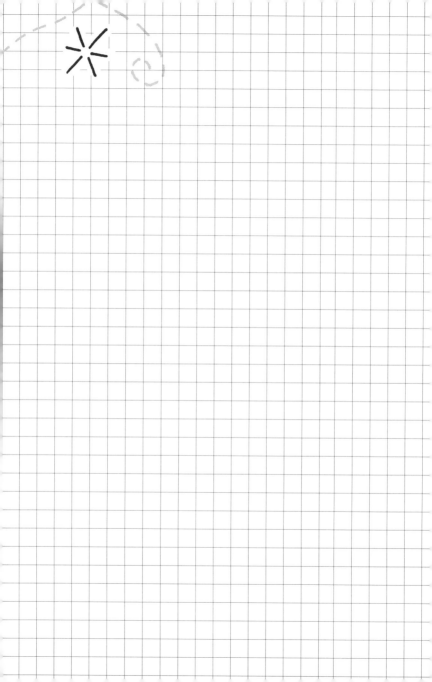

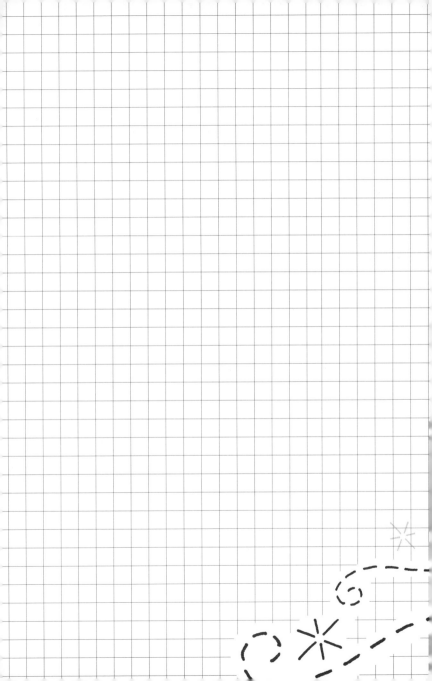

details:

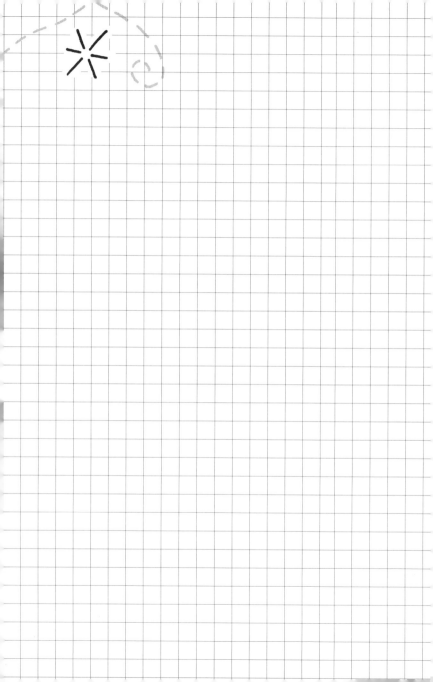

} NOTES {

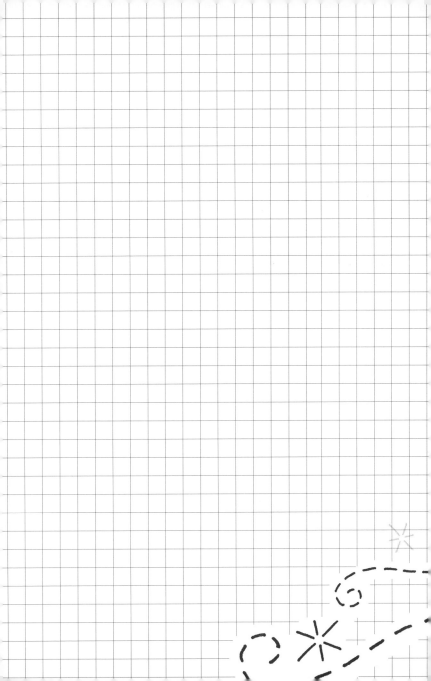

} NOTES {

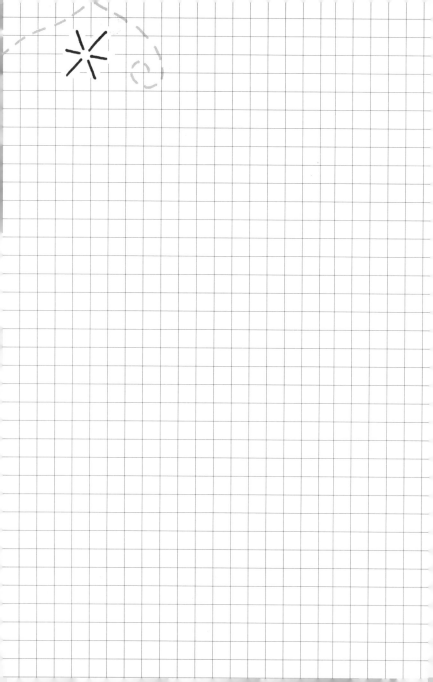

} NOTES {

DATE: _details:_

} NOTES {

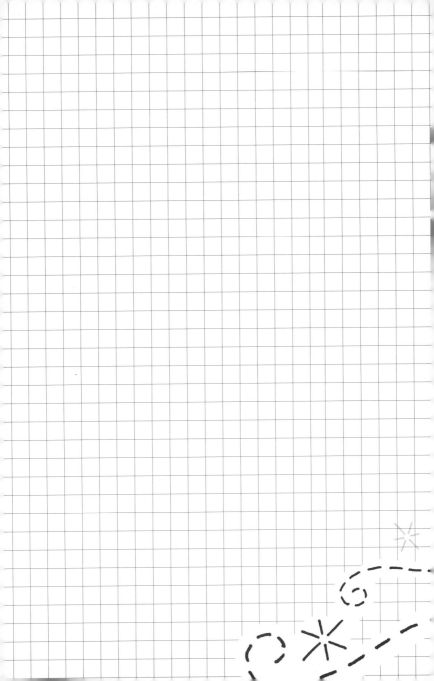

} NOTES {

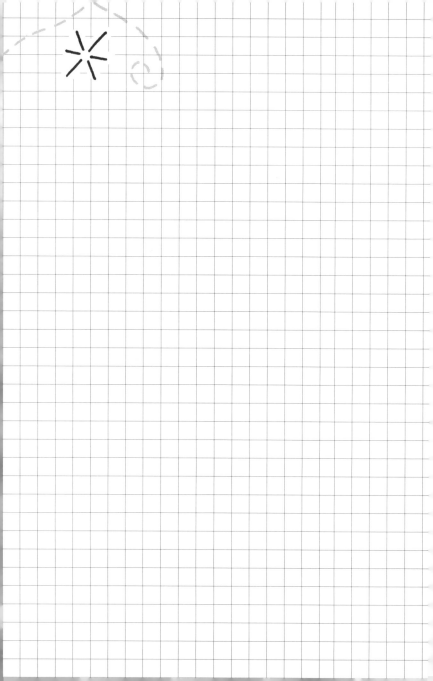

DATE: *details:*

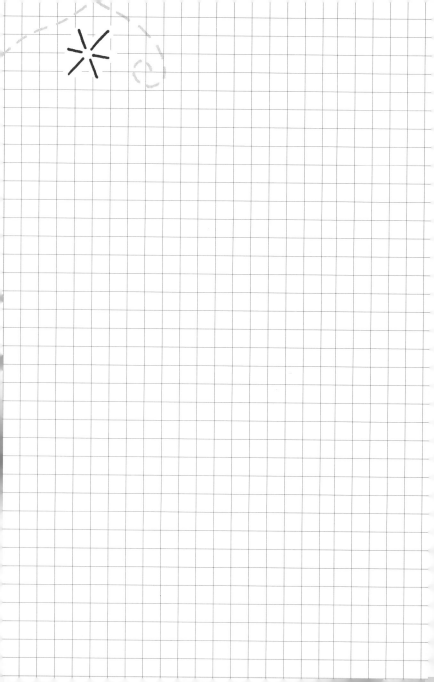

} NOTES {

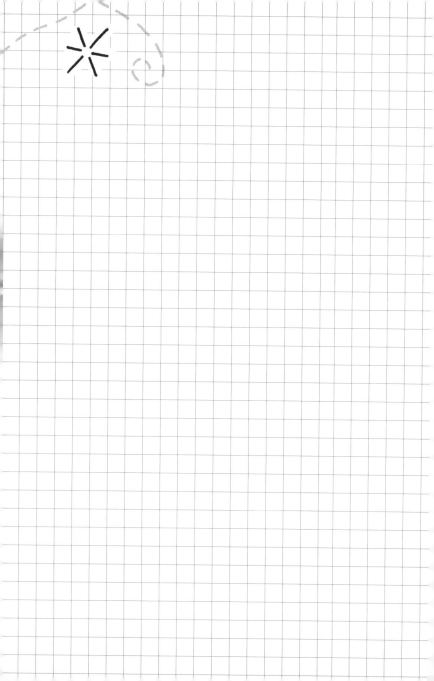

details:

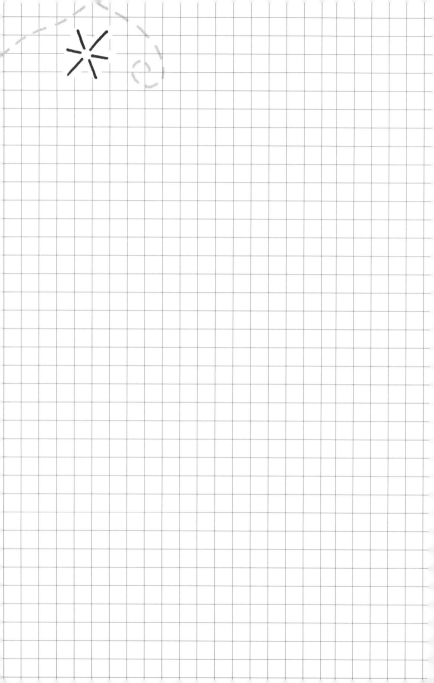

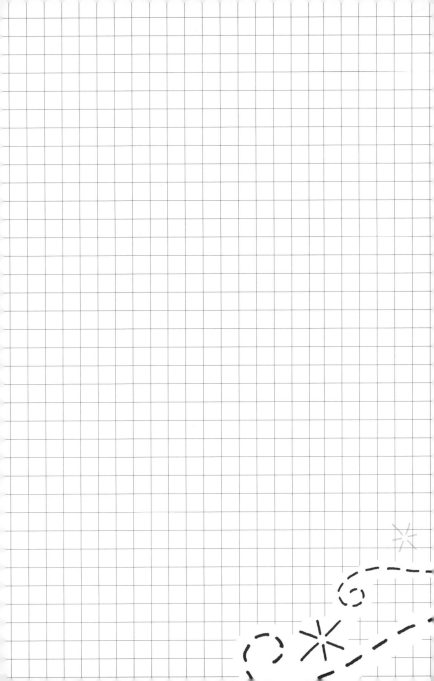

} NOTES {

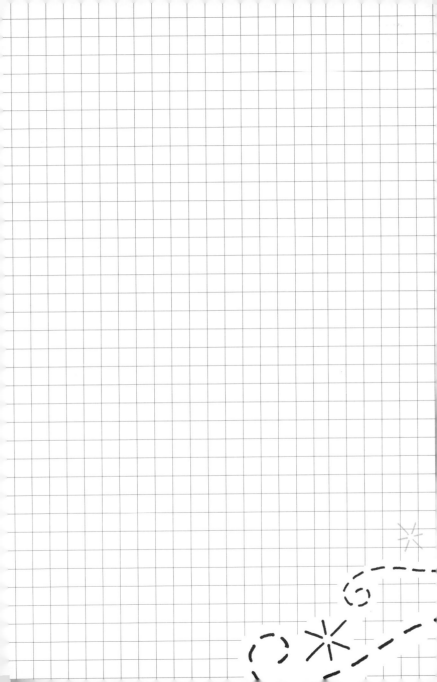